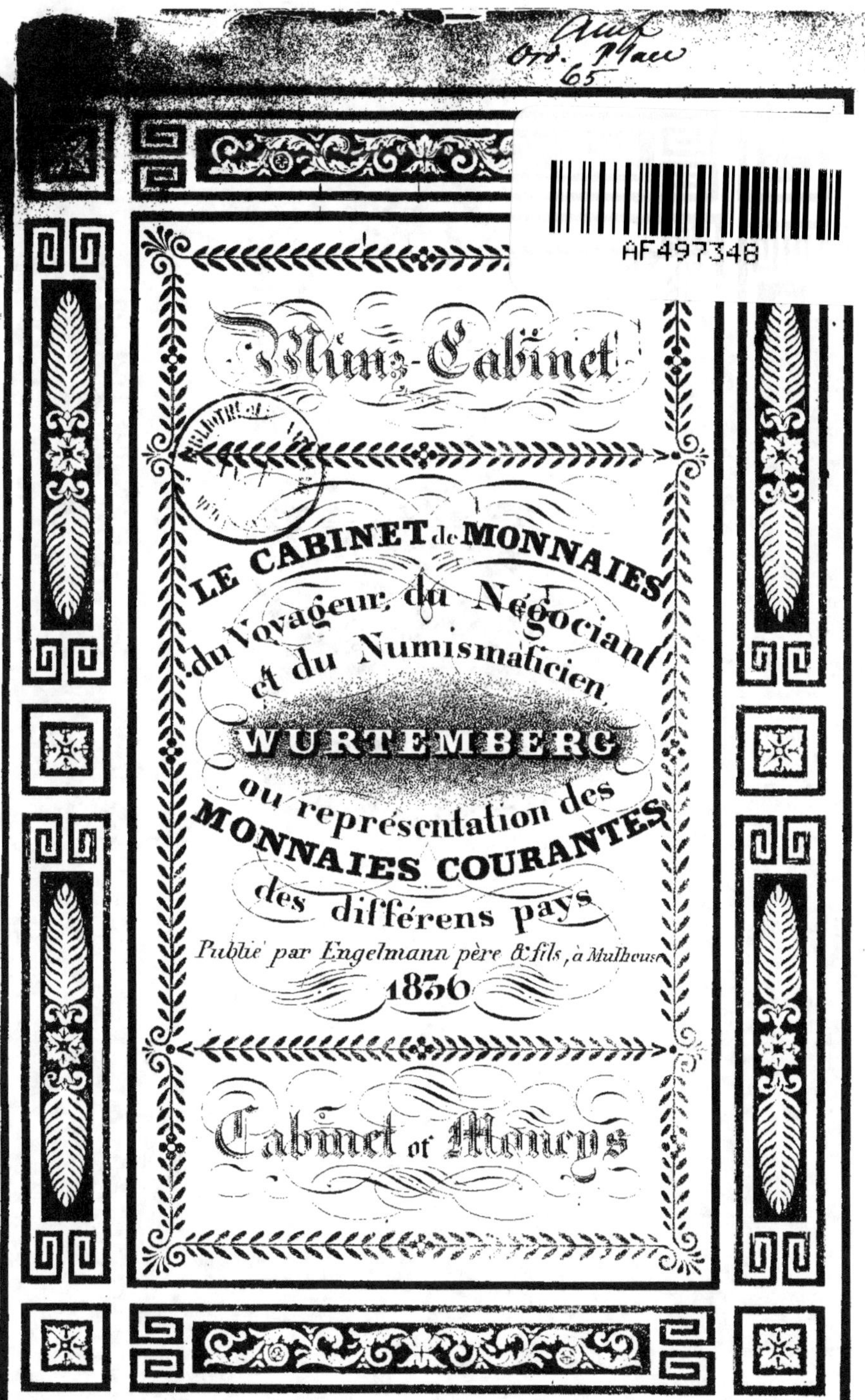

Lithographie de ENGELMANN PÈRE & FILS, à Mulhouse.

15 gr. F 2.50.

PLVS PENSER QVE DIRE.

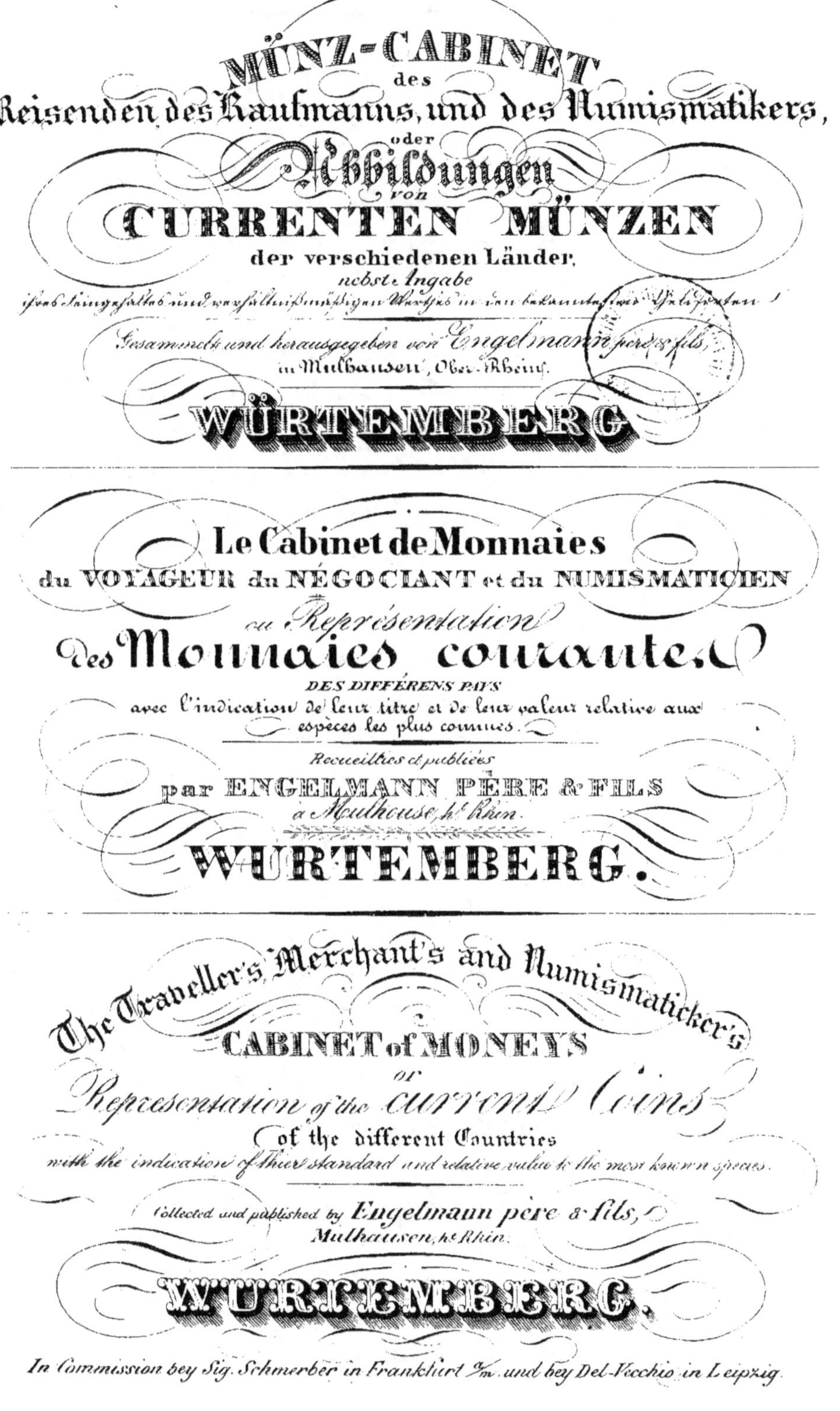

MÜNZ-CABINET
des
Reisenden, des Kaufmanns, und des Numismatikers,
oder
Abbildungen
von
CURRENTEN MÜNZEN
der verschiedenen Länder,
nebst Angabe
ihres Münzgehalts und verhältnißmäßigen Werthes in den bekanntesten Geldsorten.

Gesammelt und herausgegeben von Engelmann père & fils,
in Mulhausen, Ober-Rhein.

WÜRTEMBERG

Le Cabinet de Monnaies
du VOYAGEUR du NÉGOCIANT et du NUMISMATICIEN
ou Représentation
des Monnaies courantes
DES DIFFÉRENS PAYS
avec l'indication de leur titre et de leur valeur relative aux
espèces les plus communes.

Recueillies et publiées
par ENGELMANN PÈRE & FILS
à Mulhouse, h^t Rhin.

WÜRTEMBERG.

The Traveller's Merchant's and Numismaticker's
CABINET of MONEYS
or
Representation of the CURRENT Coins
of the different Countries
with the indication of thier standard and relative value to the most known species.

Collected and published by Engelmann père & fils,
Mulhausen, h^t Rhin.

WÜRTEMBERG.

In Commission bey Sig. Schmerber in Frankfurt ⅌m. und bey Del-Vecchio in Leipzig.

Erklärung

folgender in den Tabellen vorkommender Abkürzungen.

G x bedeutet Florin currant und Kreuzer oder im 20 fl Fuße, das heißt 20 solcher Gulden gehen auf eine Köllnische Mark fein Silber, der Gulden hat 60 x.

fl. x „ Gulden und Kreuzer Rheinisch oder im 24 fl Fuße, davon 24 auf eine Köllnische Mark fein Silber gehen, dieser Gulden hat ebenfalls 60 x aber ist 1/6 weniger werth als der G.

Rx gr „ Reichsthaler und Groschen. 1 Rx hat 24 gr.

F. C. „ Francs und centimes Französisch, ein Franc hat 100 c.

L. Shl. P. „ Livres Sterling, Schillinge und Pfennige Englisch 1 L hat 20 Shl. zu 12 P.

Pour désigner les différentes valeurs on s'est servi des abréviations sui.^tes

G. x Florins courants & Kreuzer, ou sur le pied de 20 florins pour un marc argent fin de Cologne, ils à 60 x

fl. x Florins et Kreuzer du Rhin, ou sur le pied de 24 florins pour un marc argent fin de Cologne, ces fl. ont également 60 x

R. ggr Rixdales et gros, 1 Rixdale a 24 gros

F. C. Francs et centimes de France, 1 Fr à 100 cent.^s

L. Shl. P. Livres Sterling, Shillings, Pence d'Angleterre. 1 L a 20 Shl. le shilling a 12 Pence

---

The following marks represent for shortness sake the different moneys.

G x Florins courants and Kreuzer, 20 to a Mark of Cologna, the G has 60 x.

fl x Florins and Kreuzer of the Rhine, at the rate of 24 to a Mark of Cologna, the fl. has 60 x.

R. ggr. Rixdollars and groshen, 1 Rx. has 24 gr.

F. C. Francs and centimes the franc has 100 cent.^s

L. Shl. P. Livre Sterling or Pound, Shillings and Pence the Pound has 20 Shl. to 12 Pence.

In Würtemberg wird in 24 fl. Fuße gerechnet oder
die Cöllnische Mark fein Silber zu 24 Gulden.
Ein Gulden zählt 60 xr zu 6 Heller.
1 fl. — 15 Batzen = 60ˣ = 360 Heller.
Alle Münzsorten im 20 fl. und im 24 fl. Fuße
geprägt haben cours in Würtemberg.

Wurtemberg compté en florins à 60 Kreuzer à 6 Deniers
1 fl. = 15 Batz = 60ˣ = 360 Deniers.
La valeur de ces florins est sur le pied de 24 au Mark
d'argent fin de Cologne.
Toutes les monnaies frappées sur le pied de 20 ou 24 fl.
ont cours en Wurtemberg.

Würtemberg counts in florins to 60 Kreuzer to 6 Hellers.
1 fl. = 15 Batz = 60ᵏ = 360 Heller
the value of these florins is on the Scale of 24 to the Marc fine
Silver of Cologne.
All coinages on the scale of 20 or 24 fl. are current in
Würtemberg.

Geh 18 K 6 Gr.
Titre 771/1000.

Geh.18 K. 6 Gr.
Titre 771/1000.

Geh. 18 K. 6 Gr.
Titre 771/1000.

Geh. 23 K 6 Gr.
Titre 979/1000.

1 Carolin.	1 Carlin.	1 Carolin.
Hat im gemeinen Leben nicht mehr cours und wird nur von Wechslern genommen zu fl. 12. 12ᵡ mehr oder weniger.	Il n'a plus cours dans la vie commune et n'est presque par les changeurs à fl. 12. 12ᵡ plus ou moins suiv.ᵗ cours.	It is no more current in the common life and is taken only by the changers to fl. 12. 12ᵡ more or less according to the exchange
½ Carolin fl. 6. 6ᵡ m. o. w.	½ Carlin fl. 6. 6ᵡ pl. ou m.	½ Carolin fl. 6. 6ᵡ more or less.
¼ Carolin fl. 3. 3ᵡ m. o. w.	¼ Carlin fl. 3. 3ᵡ pl. ou m.	¼ Carolin fl. 3. 3ᵡ more or less.

Ducaten.	Ducat	Ducat.
Hat gleichen cours von den Holländischen Oesterreichischen &c.ᵃ **Werth.**	Il a cours comme ceux d'Hollande d'Autriche &c.ᵃ **Valeur**	It is current as those of Holland of Austria &c.ᵃ **Value.**
fl. 5. 24ᵡ mit circa 10 % agio	fl. 5. 24ᵡ avec environ 10 % d'Agio	fl. 5. 24ᵡ with about 10 % agio
„ 5. 36. im gem. Leben	„ 5. 36. dans la vie com.ᵉ	„ 5. 36. in the com. life.
₵ 4. 30 mit 4 à 8 % agio	₵ 4. 30 avec 4 à 8 % agio	₵ 4. 30 with 4 à 8 % agio
Rx 3. 3 gr. Sächsisch mehr oder weniger laut cours	Rx. 3. 3 gr. de Saxe plus ou moins suiv.ᵗ cours	Rx. 3. 3 gr. of Saxony more or less accord. to the exch.
„ 3. 6 gr. Preußisch mehr oder weniger laut cours	„ 3. 6 gr. de Prusse plus ou moins suiv.ᵗ cours	„ 3. 6 gr. of Prussia more or less accord. to the exch.
F. 11. 75ᶜ Französisch	F. 11. 75ᶜ de France	F. 11. 75ᶜ of France
Shl. 9. 9ᴾ Englisch	Shl. 9. 9ᴾ d'Angleterre.	Shl. 9. 9ᴾ of England

Geh. 21 K. 6 Gr.
Titre 897/1000.

Geh. 21 K. 6 Gr.
Titre 897/1000.

Geh. 21 K. 6 Gr.
Titre 897/1000.

(German)	(French)	(English)
fl. 11.—	fl. 11.—	fl. 11.—
ß 9.—10ᵗ	ß 9.—10ᵗ	ß 9.—10ᵗ
Rx. 6.—2⅔ Sächsisch	R. 6.—2⅔ de Saxe	R. 6.—2⅔ of Saxony
„ 6.—6 gr Preußisch	„ 6.—6 gr de Prusse	„ 6.—6 gr of Prussia
F. 23.—57ᶜ	F. 23.—57ᶜ	F. 23.—57ᶜ
Shl 18.—10ᵖ	Shl 18.—10ᵖ	Shl 18.—10ᵖ
fl. 10.—	fl. 10.—	fl. 10.—
ß 8.—20ᵗ	ß 8.—20ᵗ	ß 8.—20ᵗ
Rx. 5.—13⅓ gr Preußisch	R. 5.—13⅓ gr de Saxe	R. 5.—13⅓ gr of Saxony
„ 5.—17 Preußisch	„ 5.—17 „ de Prusse	„ 5.—17 „ of Prussia
F. 21.—55ᶜ	F. 21.—55ᶜ	F. 21.—55ᶜ
Shl 17.—8ᵖ	Shl 17.—8ᵖ	Shl 17.—8ᵖ
fl. 5.—	fl. 5.—	fl. 5.—
ß 4.—10	ß 4.—10	ß 4.—10
Rx. 2.—18ß Sächsisch	R. 2.—18ß de Saxe	R. 2.—18ß of Saxony
„ 2.—20ß Preußisch	„ 2.—20ß de Prusse	„ 2.—20ß of Prussia
F. 10.—75ᶜ Französisch	F. 10.—75ᶜ de France	F. 10.—75ᶜ of France
Shl 8.—7ᵖ Englisch	Shl 8.—7ᵖ d'Angleterre	Shl 8.—7ᵖ of England

Conventions-Thaler. — Ecu de Convention.

Geh. 13 L. 6 Gr.
Titre 833/1000.

Conventions-Thaler. Ecu de Convention.

Conventions-Thaler.   Ecu de Convention.

Geh. 13 L. 6 Gr
Titre 833/1000

Conventions-Thaler.   Ecu de convention.

Geh. 13 L. 6 Gr.
Titre 833/1000.

Conventions-Thaler. Ecu de convention.

Geh 13 L. 6 Gr.
Titre 8 33/1000.

Conventions – Thaler.   Ecu de convention.

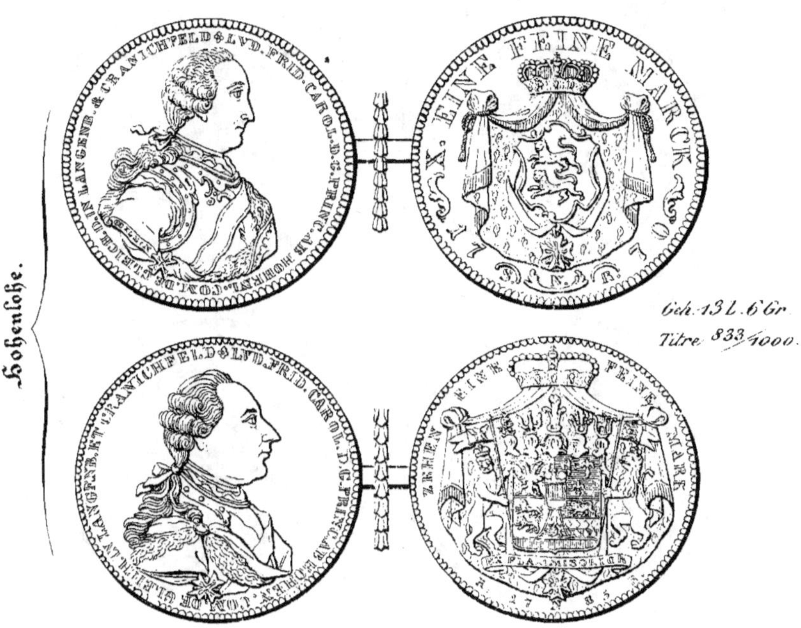

Conventions = oder Spezies = Thaler.	Ecu de Convention ou de Species.	Convention Dollar or of Species.
Er hat cours in Oestreich, Bayern und mehreren andern Ländern Deutschlands.	il a cours en Autriche Bavière & quelques autres pays de l'Allemagne	it is current in Austria Bavaria, and some other countries of Germany
Werth	Valeur	Value
fl. 2. —	fl. 2. —	fl. 2. —
fl. 2. 24ˣ	fl. 2. 24ˣ	fl. 2. 24ˣ
Rs. 1. 8 gr. Preussisch	Rr. 1. 8 gr. de Saxe	Rx. 1. 8 ggr. of Saxony
„ 1. 8¾ Russisch	„ 1. 8¾ de Russe	„ 1. 8¾ of Russia
m. o. d. G.	pl. ou m. suiv.	m. o. l. accord.
laut cours	cours	to the exch.
F. 5. 15ˢ Französisch	F. 5. 15ˢ de France	F. 5. 15ˢ of France
Shl. 4. 3. Pce Englisch	Shl. 4. 3. Pce d'Angleterre	Shl. 4. 3. Pce of England

14.

Gch. 13L. 17 Gr.
Titre 872/1000

<table>
<tr><th>Kronenthaler.</th><th>Couronne?</th><th>Crown.</th></tr>
<tr>
<td>Hat cours in den Ländern, welche in 24 fl. Fuß rechnen</td>
<td>Cet écu a cours dans les pays qui comptent sur le pied de 24 fl.</td>
<td>This Dollar is current in the countries that count on the scale of 24 f.</td>
</tr>
<tr>
<td>fl. 2 42</td>
<td>fl. 2 42</td>
<td>fl. 2 42</td>
</tr>
<tr>
<td>C 2 15</td>
<td>C 2 15</td>
<td>C 2 15</td>
</tr>
<tr>
<td>Rxr. 1 13 preußisch</td>
<td>Rxr 1 13 de Prusse</td>
<td>Rxr 1 13 of Prussia.</td>
</tr>
<tr>
<td>„ 1 12 sächsisch</td>
<td>„ 1 12 de Saxe</td>
<td>„ 1 12 of Saxony.</td>
</tr>
<tr>
<td>F 5 65 à 70 franz.</td>
<td>F 5 65 à 70 de France.</td>
<td>F 5 65 à 70 french</td>
</tr>
<tr>
<td>Shl. 4 6 englisch.</td>
<td>Shl. 4 6 d. d'Angleterre</td>
<td>Shl. 4 6 d. english</td>
</tr>
</table>

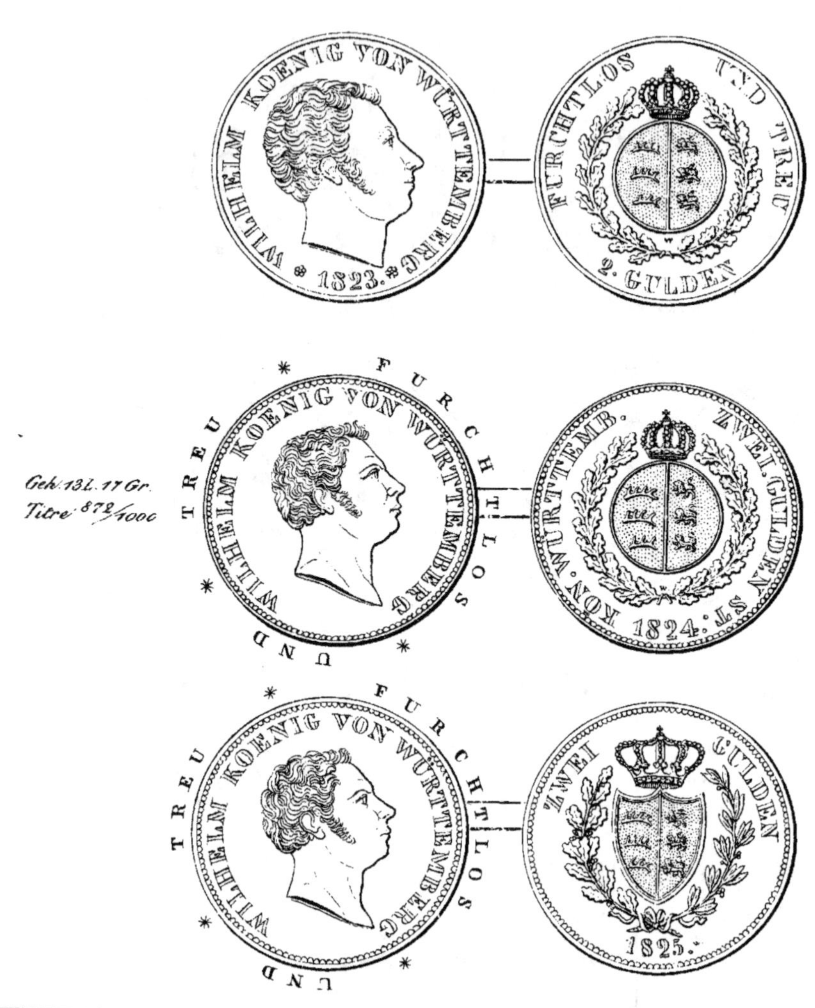

Geh. 13 L. 17 Gr.
Titre 872/1000

Geh. 13 L. 6 Gr.
Titre 858/1000

fl. 2. —	fl. 2. —	fl. 2. —
P. 1. 40x	P. 1. 40x	P. 1. 40x
Rx. 1. 3 gr. preußisch	Rx. 1. 3 gr. de Preusse.	Rx. 1. 3 gr. of Prussia
„ 1. 2⅔ sächsisch	„ 1. 2⅔ de Saxe.	„ 1. 2⅔ of Saxony.
F. 4. 30x französ.	F. 4. 30x de France.	F. 4. 30x french.
Shl. 3. 5½P. engl.	Mil. 3. 5½P. d'Anglet.	Mil. 3. 5½P. english.

fl. 1. 12x	fl. 1. 12x	fl. 1. 12x
P. 1. —	P. 1. —	P. 1. —
Rx. —16½ gr. preußisch	Rx. —16½ gr. de Preusse.	Rx. —16½ gr. of Prussia
„ —16 „ sächsisch	„ —16 „ de Saxe	„ —16 „ of Saxony
F. 2. 55c französ.	F. 2. 55c de France	F. 2. 55c french.
Shl. 2. 1½P. engl.	Shl. 2. 1½P. d'Angleterre.	Shl. 2. 1½P. english.

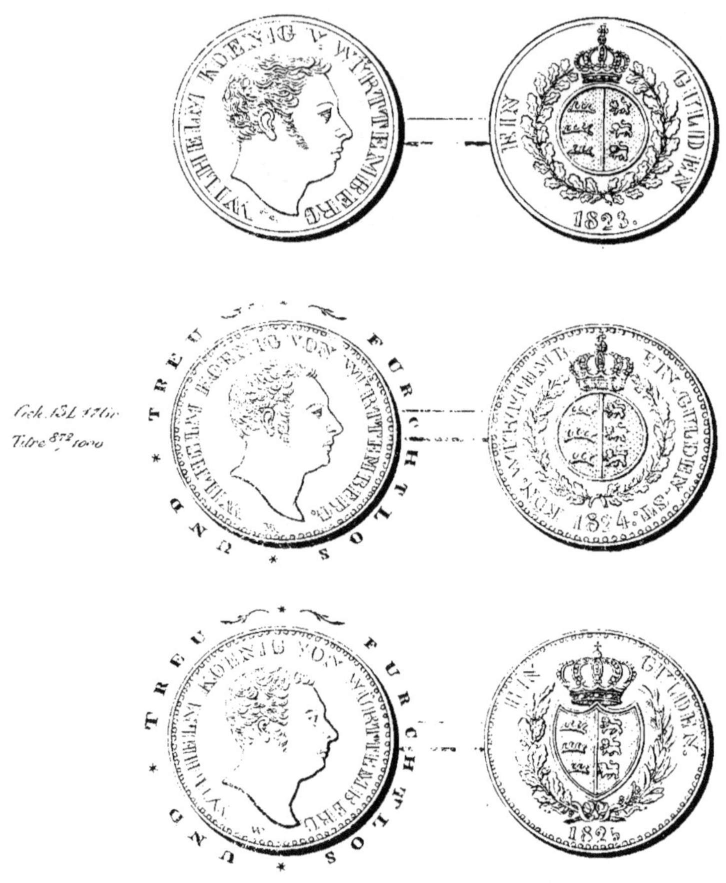

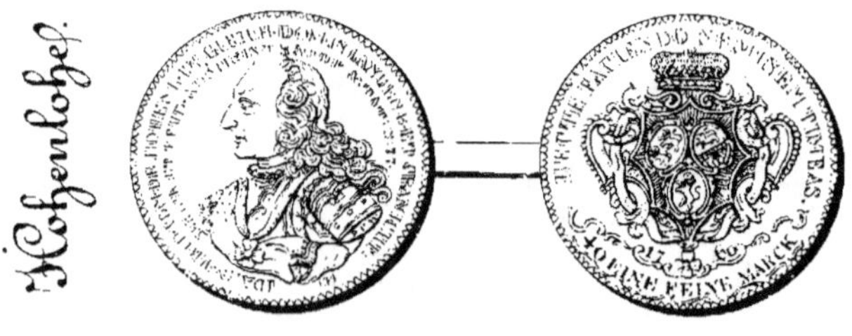

Hohenlohe.

fl. 1. —	fl. 1. —	fl. 1. —
gr. — 50.	gr. — 50.	gr. — 50.
Rx. — 14 gr. preussisch.	Rx. — 14 gr. de Prusse.	Rx. — 14 gr. of Prussia.
„ — 13⅓ sächsisch.	„ — 13⅓ de Saxe.	„ — 13⅓ of Saxony.
F. 2. 15c. französisch.	F. 2. 15c. de France.	F. 2. 15c. french.
Mk. 1. 8P. englisch.	Mk. 1. 8P. d'Angleterre.	Mk. 1. 8P. english.

gr. — 30.	gr. — 30.	gr. — 30.
fl. — 36.	fl. — 36.	fl. — 36.
Rx. — 8⅓ gr. preussisch.	Rx. — 8⅓ gr. de Prusse.	Rx. — 8⅓ gr. of Prussia.
„ — 8. sächsisch.	„ — 8. de Saxe.	„ — 8. of Saxony.
F. 1. 28c. französisch.	F. 1. 28c. de France.	F. 1. 28c. french.
Mk. 1 ⅓ P. englisch.	Mk. 1 ⅓ P. d'Angleterre.	Mk. 1 ⅓ P. english.

Geh. 9 L. 6 gr.
Titre 583/1000.

Geh. 9 L. 6 Gr.
Titre 583/1000.

Ein Zwanziger	Pièce de 20 x	Piece of 20 x
zu 20 Kr. Conv.	monnaie de conven.	on the rate of conven.
Es hat Cours in allen Ländern welche in 20 und 24 fl. ... auch in einem Theil der Schweiz.	Elle a cours dans tous les pays qui comptent en fl. 20 & fl. 24, ainsi que dans une partie de la Suisse.	It is current in all the countries that count in fl. 20 and fl. 24, and in a part of Switzerland.
fl — 20 x	fl — 20 x	fl — 20 x
fl — 24 "	fl — 24 "	fl — 24 "
Rx — 5⅓ gr. preuss.	Rx — 5⅓ gr. de Russe	Rx — 5⅓ gr. of Prussia
— 5½ sächs.	— 5½ de Saxe	" — 5½ of Saxony
F — 85 c. französisch	F — 85 c. de France	F — 85 c. french
Shl — 8 d englisch	Shl — 8 d d'Angleterre	Shl — 8 d english
— 6 Batzen in der Schweiz	— 6 Batz	— 6 Batz

Vier und Zwanzig Kreuzer Stück	Pièce de vingt quatre Kreuzer	Piece of 24 x
in 24 fl. Fuß geprägt hat gleichen Werth wie obige.	sur le pied de 24 fl. il a la même valeur que celles ci dessus.	on the rate of 24 fl. it has the same value as the aforementioned.

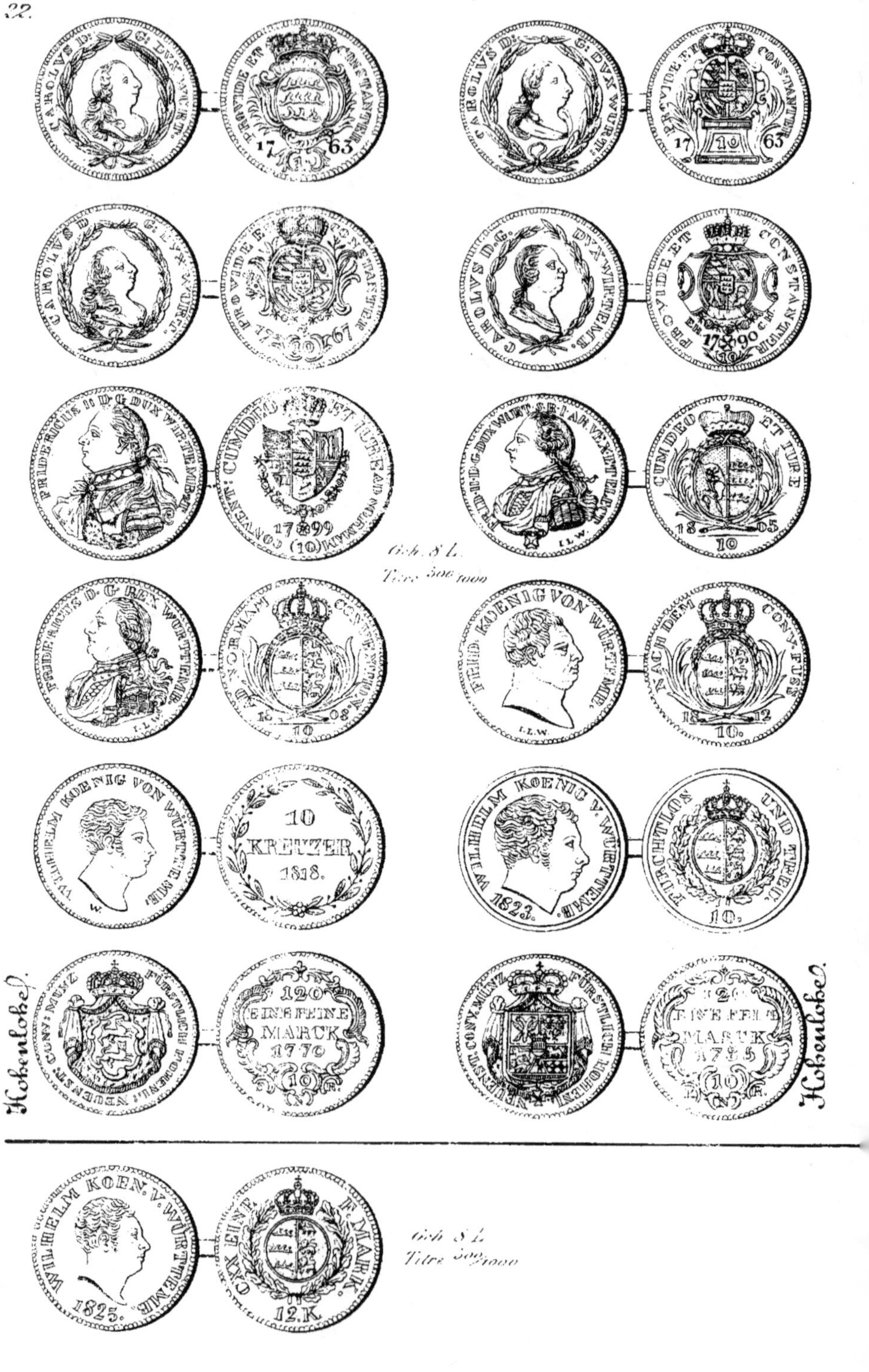
CAROLVS D: G: DVX WURT.
PROVIDE ET CONSTANTER
1763
CAROLVS D: G: DVX WURT.
PROVIDE ET CONSTANTER
17 10 63
CAROLVS D G: DVX WURT.
PROVIDE ET CONSTANTER
1767 10
CAROLVS D.G. DVX WIRTEMB.
PROVIDE ET CONSTANTER
1790 10
FRIDERICUS II D.G. DUX WIRTEMB.
CUM DEO ET JURE
CONVENT: AD NORMAM
1799 (10)
FRID. II D.G. DUX WIRT. S.R.I. ARCHIT. ET ELECT.
I.L.W.
CUM DEO ET JURE
1805 10
Gew. 8 L.
Titre 500/1000
FRIDERICUS D. G. REX WURTTEMB.
I.L.W.
AD NORMAM CONVENTION
1808 10
FRID. KOENIG VON WURTTEMB.
I.L.W.
NACH DEM CONV. FUSS
1812 10.
WILHELM KOENIG VON WURTTEMB.
W.
10 KREUZER 1818.
WILHELM KOENIG V. WURTTEMB.
1823.
FURCHTLOS UND TREU.
10.
Hohenlohe
NEUENST. CONV. MUNZ FURSTL. HOHENL.
120 EINE FEINE MARCK 1770 10
Hohenlohe
WILHELM KOEN. V. WURTTEMB.
1825.
CXX EINE F. MARK.
12.K.
Gew. 8 L.
Titre 500/1000

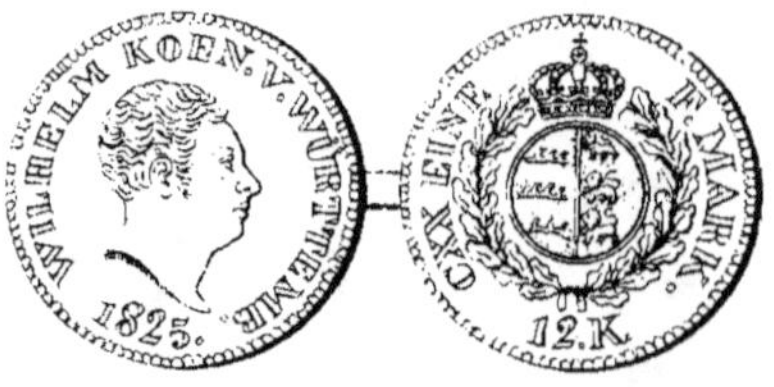

Geh. 7 l.
Titre 437/1000

fl — 3°	fl — 3°	fl — 3°
g — 2 ½°	g — 2 ½°	g — 2 ½°
1 Kreuzer	1 Kreuzer	1 Kreuzer
im 24 fl Fuß.	sur le pied de 24 fl.	on the rate of 24 fl.
½ Kreuzer	½ Kreuzer	½ Kreuzer
im 24 fl Fuß.	sur le pied de 24 fl.	on the rate of 24 fl.

28.

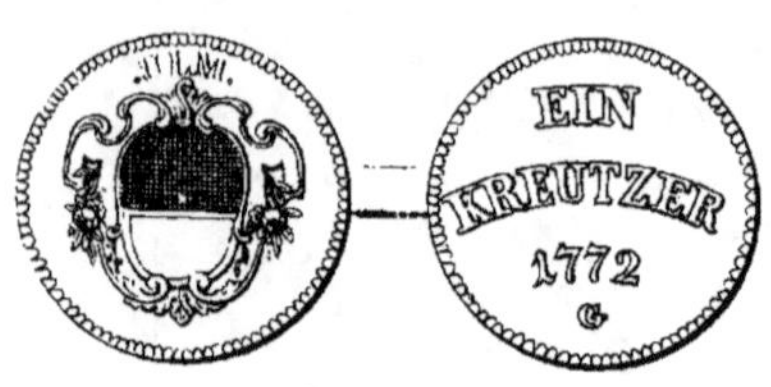

EIN
KREUTZER
1772
G

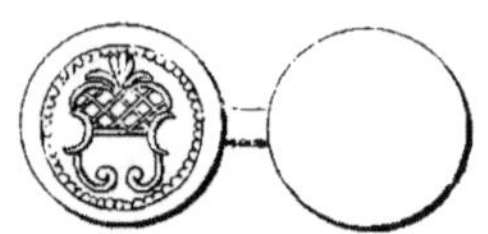

1 Kreuzer.	1 Kreuzer	1 Kreuzer
1 Heller einseitiger Heller genannt	1 Denier, appelé Denier à une face.	1 Denier called Denier at one face.